LA GUERRA DE SECESIÓN

PETER CASTELLANO
TRADUCIDO POR ESTHER SARFATTI

Gareth Stevens
PUBLISHING

ENCONTEXTO

Please visit our website, www.garethstevens.com. For a free color catalog of all our high-quality books, call toll free 1-800-542-2595 or fax 1-877-542-2596.

Library of Congress Cataloging-in-Publication Data

Names: Castellano, Peter, author.
Title: La guerra de Secesión / Peter Castellano.
Description: New York : Gareth Stevens Publishing, 2018. | Series: Conoce la historia de Estados Unidos | Includes index.
Identifiers: LCCN 2016030668| ISBN 9781538249536 (pbk. book) | ISBN 9781538249543 (library bound book)
Subjects: LCSH: United States--History--Civil War, 1861-1865--Juvenile literature.
Classification: LCC E468 .C27 2018 | DDC 973.7--dc23
LC record available at https://lccn.loc.gov/2016030668

First Edition

Published in 2020 by
Gareth Stevens Publishing
111 East 14th Street, Suite 349
New York, NY 10003

Translator: Esther Sarfatti
Designer: Samantha DeMartin
Editor: Kristen Nelson

Photo credits: Series art Christophe BOISSON/Shutterstock.com; (feather quill) Galushko Sergey/Shutterstock.com; (parchment) mollicart-design/Shutterstock.com; cover, p. 1 Adam Cuerden/Wikimedia Commons; pp. 5, 13, 23, 25 (both), 27 (both), 29 Everett Historical/Shutterstock.com; p. 7 H. P. Moore/Hulton Archive/Getty Images; pp. 9, 11, 21 Electric_Crayon/DigitalVision Vectors/Getty Images; p. 15 (flags) Santi0103/Shutterstock.com; p. 17 Heritage Images/Hulton Archive/Getty Images; p. 19 UniversalImagesGroup/Universal Images Group/Getty Images.

Printed in the United States of America

CPSIA compliance information: Batch #CS17GS: For further information contact Gareth Stevens, New York, New York at 1-800-542-2595.

CONTENIDO

Las palabras del glosario se muestran en **negrita** la primera vez que aparecen en el texto.

La guerra de Secesión tuvo lugar entre 1861 y 1865. Esta guerra, a veces llamada "guerra entre los estados", enfrentó al norte de Estados Unidos, conocido como la Unión, con un grupo de estados sureños, conocidos como la Confederación. Todas las batallas tuvieron lugar en suelo estadounidense.

SI QUIERES SABER MÁS

Una guerra civil es una guerra entre diferentes
partes o grupos de un mismo país.

CAUSAS DE LA GUERRA

La **economía** de los estados sureños se basaba en la **agricultura**. La del norte dependía sobre todo de las fábricas. En 1828, el Congreso aprobó un impuesto considerado elevado y los sureños creyeron que este impuesto solo favorecía al norte. Aunque en 1832 se aprobó otro impuesto menos elevado, Carolina del Sur votó a favor de **anular** la ley.

SI QUIERES SABER MÁS

Los sureños creían que el poder de anular leyes federales o nacionales era uno de los derechos de los estados. El conflicto sobre los poderes gubernamentales también afectaba a otros asuntos, como la esclavitud.

Esclavos plantando camote

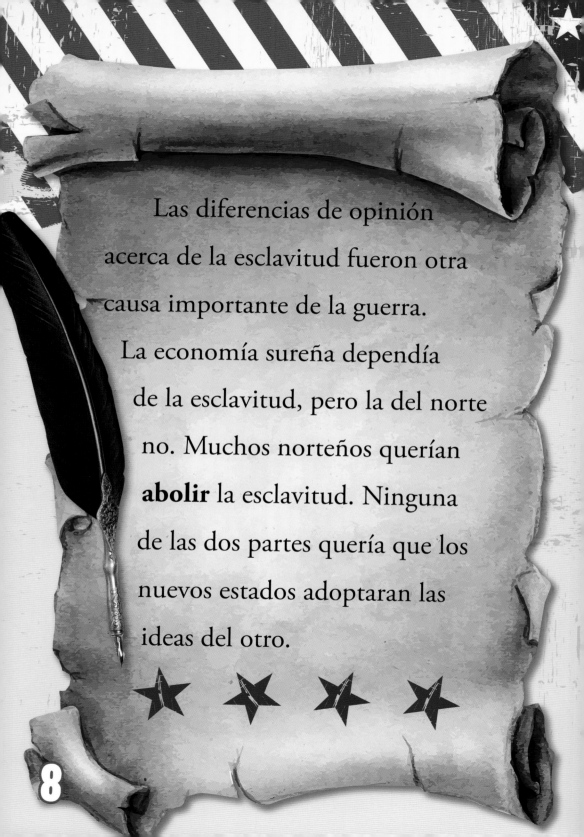

Las diferencias de opinión acerca de la esclavitud fueron otra causa importante de la guerra. La economía sureña dependía de la esclavitud, pero la del norte no. Muchos norteños querían **abolir** la esclavitud. Ninguna de las dos partes quería que los nuevos estados adoptaran las ideas del otro.

Estados Unidos, 1821

Territorio de Oregón

Territorio no organizado

Territorio de Michigan

Admitido como estado libre, 1820

VT ME

NH
MA

NY

PA

CT RI

NJ

DE

MD

36'30° Línea del Compromiso de Misuri

MO admitido como estado esclavista, 1821

IL IN OH

VA

KY

TN

NC

SC

Posesiones españolas

Territorio de Arkansas

MS AL GA

LA

Territorio de Florida, cedido por España, 1819

Estados esclavistas

Estados y territorios libres

Cerrado a la esclavitud por el Compromiso de Misuri

Abierto a la esclavitud por el Compromiso de Misuri

SI QUIERES SABER MÁS

El Compromiso de Misuri de 1820 permitió que Misuri se uniera a Estados Unidos como estado esclavista solamente porque Maine se unía como estado libre, es decir, como un estado que no permitiría la esclavitud.

9

El Compromiso de Misuri prohibió la esclavitud al norte de la frontera sur de Misuri. Sin embargo, en 1854, la Ley de Kansas-Nebraska permitió que Kansas y Nebraska eligieran si querían ser estados esclavistas o estados libres. El resultado fue que los norteños y sureños se enfrentaron en los nuevos estados.

Estados Unidos, 1854

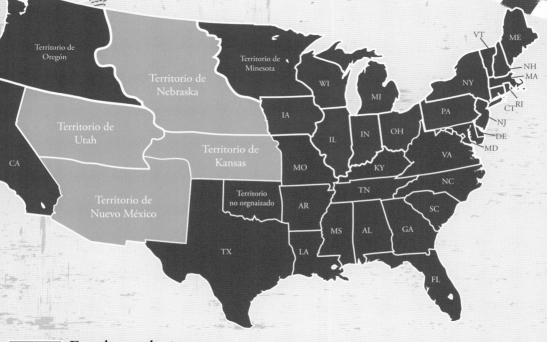

Estados esclavistas

Estados y territorios libres

La gente vota si el estado será esclavista o libre

SI QUIERES SABER MÁS

California, que formaba parte del Compromiso de 1850,
se agregó como estado libre. A cambio, el Sur pidió que
la esclavitud fuera posible en los territorios
de Utah y Nuevo México.

LAS ELECCIONES DE 1860

Estados Unidos se mantuvo unido hasta las elecciones presidenciales de 1860. Abraham Lincoln las ganó, ¡aunque ni siquiera aparecía en las **papeletas** del Sur! El norte ganó el control del Congreso también. Los estados sureños sintieron que habían perdido su voz en el Gobierno federal.

SI QUIERES SABER MÁS

Lincoln se presentó a las elecciones presidenciales por el Partido Republicano, un grupo que se oponía a la esclavitud y quería que el país se mantuviera unido.

SECESIÓN

La elección de Lincoln fue la gota que colmó el vaso para el Sur. Siete estados se separaron de Estados Unidos y formaron los Estados Confederados de América. Jefferson Davis fue elegido presidente de la Confederación. Para abril de 1861, se les habían unido cuatro estados más.

SI QUIERES SABER MÁS

El resto del mundo no reconoció a la Confederación como país independiente. El mundo consideraba a Lincoln como líder de Estados Unidos y a la Confederación como parte del país.

ESTADOS CONFEDERADOS DE AMÉRICA

ESTADOS UNIDOS DE AMÉRICA

Estados Confederados	Estados Unidos	
Alabama	Maine	
Florida	Nueva York	Indiana
Georgia	Nuevo Hampshire	Illinois
Luisiana	Vermont	Kansas
Misisipi	Massachusetts	Michigan
Carolina del Sur	Connecticut	Wisconsin
Texas	Rhode Island	Minesota
Arkansas	Pensilvania	Iowa
Carolina del Norte	Nueva Jersey	California
Tennessee	Ohio	Oregón
Virginia	Nevada	

LAS VENTAJAS DEL SUR

Los estados del sur tenían expertos líderes militares. Además, los confederados luchaban en lugares que conocían muy bien y estaban **defendiendo** sus tierras.

También tenían una causa por la cual luchar: la independencia. Sin embargo, la Unión tenía el ejército de Estados Unidos, más gente y más ferrocarriles.

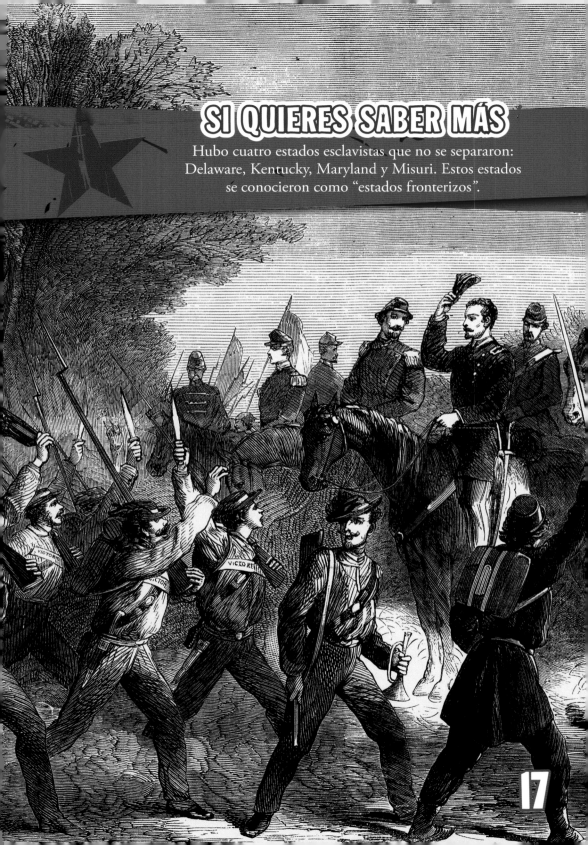

SI QUIERES SABER MÁS

Hubo cuatro estados esclavistas que no se separaron: Delaware, Kentucky, Maryland y Misuri. Estos estados se conocieron como "estados fronterizos".

COMIENZA LA GUERRA

El 12 y el 13 de abril de 1861, los confederados tomaron el fuerte Sumter del ejército de la Unión, en Charleston, Carolina del Sur. Para julio, ambos bandos ya tenían sus ejércitos. Se enfrentaron el 21 de julio en la batalla de Bull Run. El ejército confederado, dirigido en parte por el coronel Stonewall Jackson, ganó la batalla.

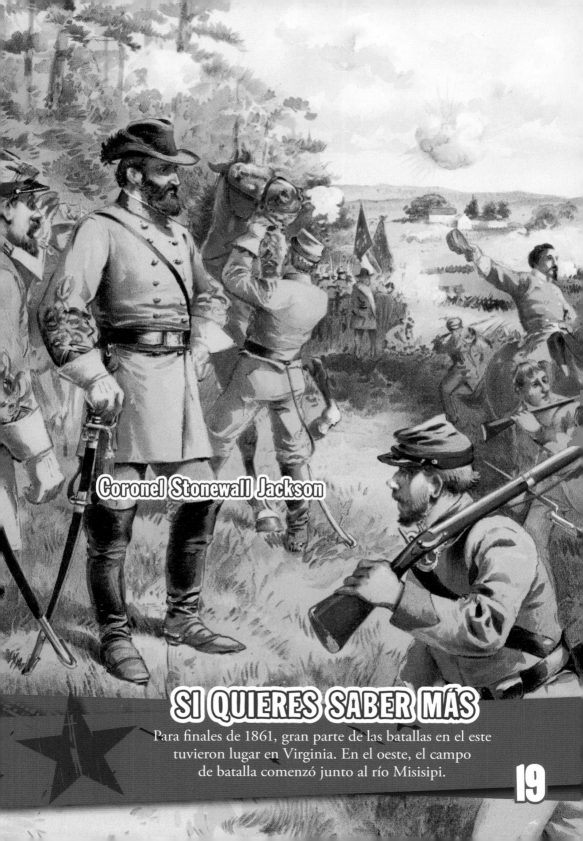

Coronel Stonewall Jackson

SI QUIERES SABER MÁS

Para finales de 1861, gran parte de las batallas en el este tuvieron lugar en Virginia. En el oeste, el campo de batalla comenzó junto al río Misisipi.

19

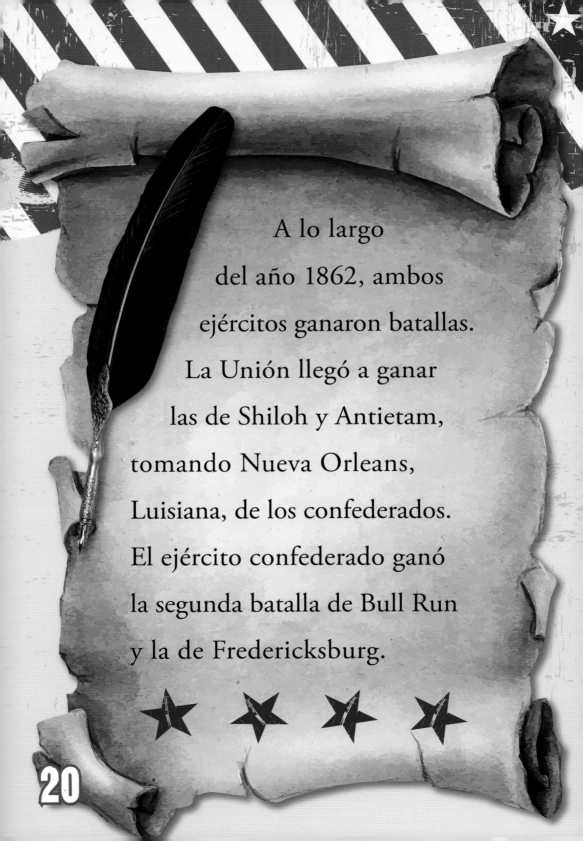

A lo largo del año 1862, ambos ejércitos ganaron batallas. La Unión llegó a ganar las de Shiloh y Antietam, tomando Nueva Orleans, Luisiana, de los confederados. El ejército confederado ganó la segunda batalla de Bull Run y la de Fredericksburg.

El Merrimack, de la Confederación, y el Monitor, de la Unión, eran buques blindados o recubiertos de hierro. Cuando se enfrentaron en marzo de 1862, ninguno de los dos ganó realmente la batalla.

BATALLAS PRINCIPALES DE 1862

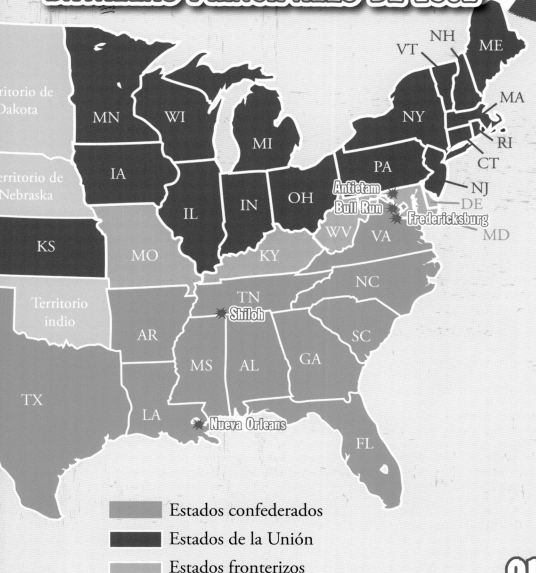

- Estados confederados
- Estados de la Unión
- Estados fronterizos
- ✹ Lugar de batalla

LA PROCLAMACIÓN

El objetivo del presidente Lincoln durante la guerra de Secesión fue mantener al país unido. **Animado** por la **victoria** de la Unión en Antietam, decidió que ya era hora de ocuparse de la esclavitud. En 1863, la Proclamación de Emancipación liberó a todos los esclavos en los estados confederados.

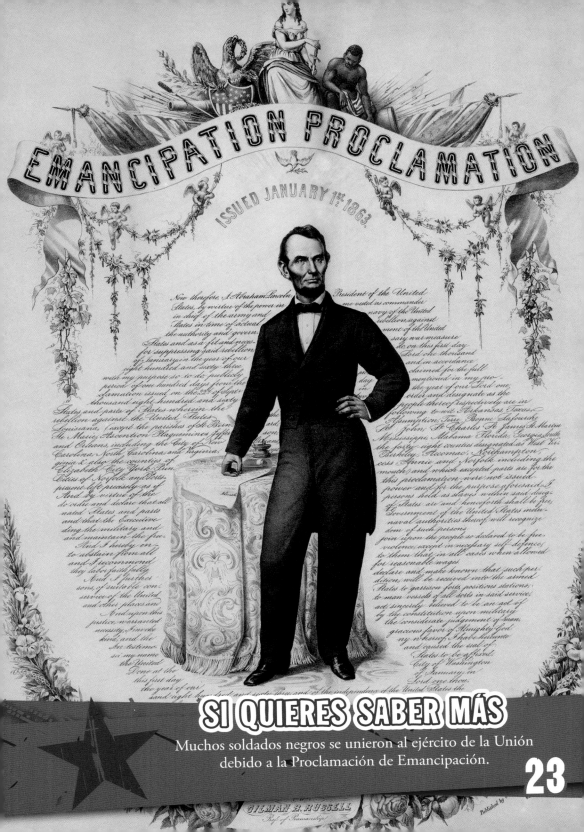

Muchos soldados negros se unieron al ejército de la Unión debido a la Proclamación de Emancipación.

EL MOMENTO DECISIVO

Entre el 1 y el 3 de julio de 1863, la Unión logró detener la **invasión** de las fuerzas confederadas en el norte de Gettysburg, Pensilvania. Esta batalla fue la más sangrienta de la guerra. Al día siguiente, el ejército de la Unión tomó el control de todo el río Misisipi, en Vicksburg, Misisipi.

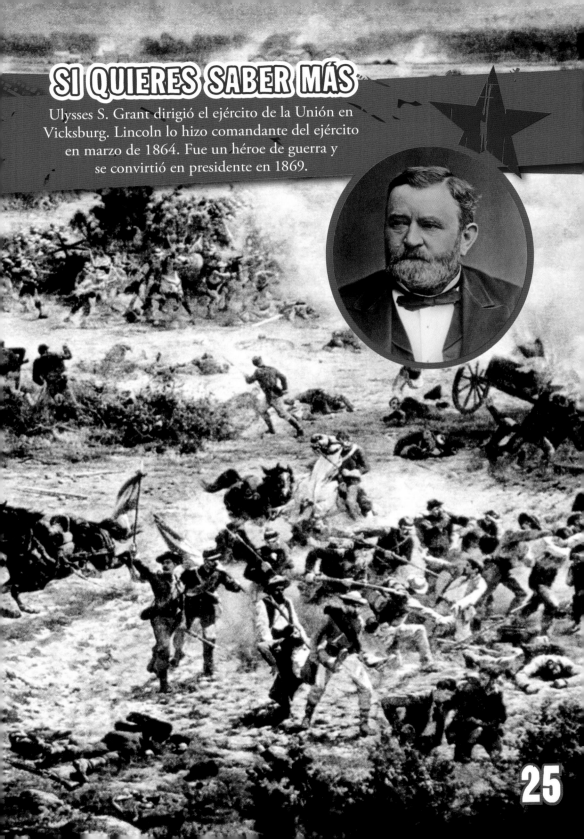

Ulysses S. Grant dirigió el ejército de la Unión en Vicksburg. Lincoln lo hizo comandante del ejército en marzo de 1864. Fue un héroe de guerra y se convirtió en presidente en 1869.

EL FIN DE LA GUERRA

La Unión siguió ganando a los confederados hasta 1864. En junio de ese año, Grant comenzó el **asedio** de Petersburg, Virginia. Ese mismo año, Lincoln fue reelegido. Al llegar 1865, el general confederado Robert E. Lee tenía pocos hombres y se les acababan las provisiones. El 2 de abril, entregó Petersburg.

SI QUIERES SABER MÁS

Antes de la guerra, el general Lee era conocido como un gran líder militar. Durante la guerra de Secesión, Lee llevó a las fuerzas confederadas a ganar muchas batallas.

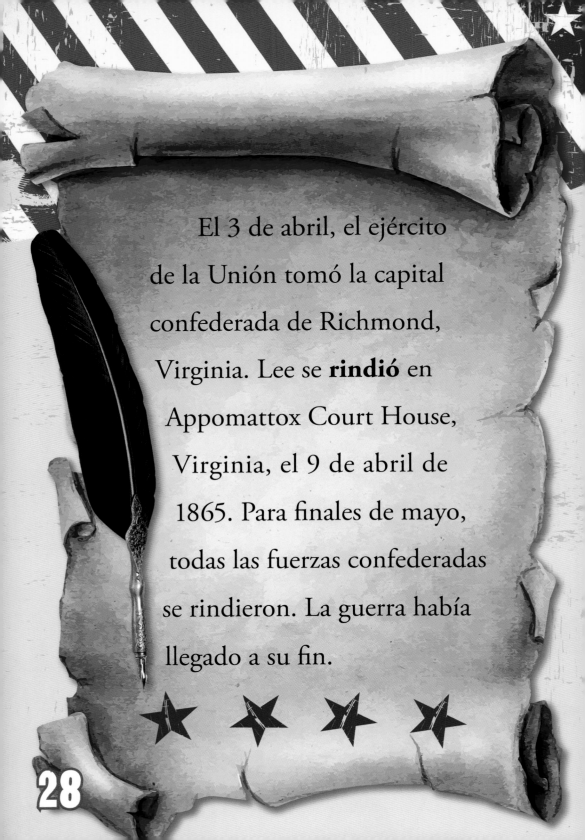

El 3 de abril, el ejército de la Unión tomó la capital confederada de Richmond, Virginia. Lee se **rindió** en Appomattox Court House, Virginia, el 9 de abril de 1865. Para finales de mayo, todas las fuerzas confederadas se rindieron. La guerra había llegado a su fin.

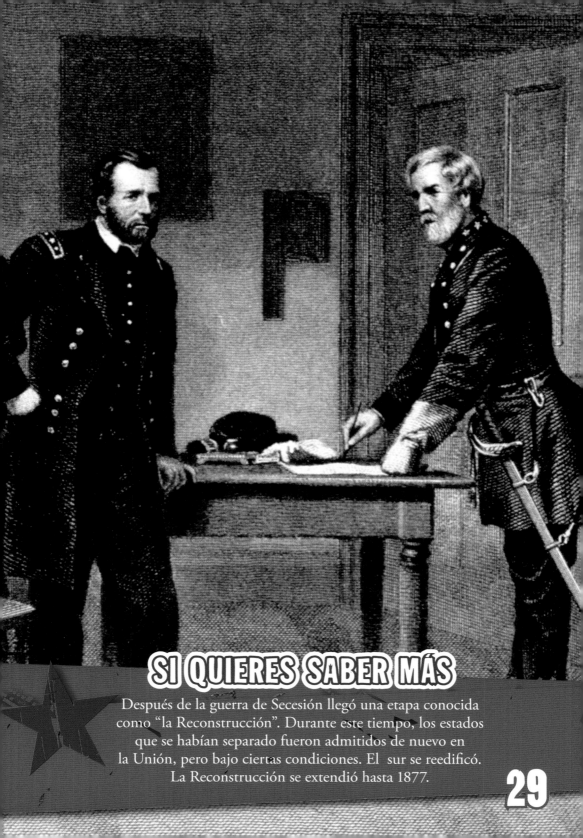

SI QUIERES SABER MÁS

Después de la guerra de Secesión llegó una etapa conocida como "la Reconstrucción". Durante este tiempo, los estados que se habían separado fueron admitidos de nuevo en la Unión, pero bajo ciertas condiciones. El sur se reedificó. La Reconstrucción se extendió hasta 1877.

LÍNEA DEL TIEMPO DE LA GUERRA DE SECESIÓN

Noviembre de 1860
Abraham Lincoln se convierte en presidente.

20 de diciembre de 1860
Carolina del Sur se separa de la Unión.

8-9 de febrero de 1861
Se forman los Estados Confederados de América.

1 de enero de 1863
La Proclamación de Emancipación entra en vigor.

1-3 de julio de 1863
Tiene lugar la batalla de Gettysburg, la más sangrienta de la guerra.

4 de julio de 1863
El ejército de la Unión gana en Vicksburg, Misisipi.

Junio de 1864
Comienza el asedio de Petersburg.

8 de noviembre de 1864
Lincoln es reelegido.

2 de abril de 1865
Termina el asedio de Petersburg.

3 de abril de 1865
La Unión toma Richmond.

Mayo de 1865
Se rinden las fuerzas sureñas. Termina la guerra.

GLOSARIO

abolir: acabar oficialmente con algo.

agricultura: cultivo de la tierra para producir alimentos.

animar: dar esperanzas.

anular: dejar algo sin efecto, como una ley.

asedio: uso de fuerza militar para rodear un lugar o edificio para capturarlo.

defender: proteger de algún daño.

economía: dinero que se gana en un lugar y forma en la que se gana.

invasión: hecho de entrar en un lugar y tomar control de él.

papeleta: papel con los nombres de las personas que se presentan a un cargo y que es el mismo que se usa para votar.

rendirse: darse por vencido.

victoria: hecho de ganar a un enemigo.

PARA MÁS INFORMACIÓN

Libros

Halls, Kelly Milner. *Life During the Civil War*. Minneapolis, MN: Core Library, 2015.

Lanser, Amanda. *The Civil War by the Numbers*. North Mankato, MN: Capstone Press, 2016.

Sitios de Internet

The Civil War for Fifth Graders

radford.edu/~sbisset/civilwar.htm

Este sitio de Internet presenta muchos detalles de la guerra de Secesión de Estados Unidos de forma amena y útil.

Nota del editor para educadores y padres: nuestro personal especializado ha revisado cuidadosamente estos sitios web para asegurarse de que son apropiados para los estudiantes. Muchos sitios web cambian con frecuencia, por lo que no podemos garantizar que posteriores contenidos que se suban a esas páginas cumplan con nuestros estándares de calidad y valor educativo. Tengan presente que se debe supervisar cuidadosamente a los estudiantes siempre que tengan acceso al Internet.

ÍNDICE